ERKENNTNISSE ZUR

WIRKUNG DER SOPHIA

Catharina Barker

Erkenntnisse zur Wirkung der Sophia –

Das geistige Gold und die Metalle

Studienreihe der Freien Hochschule am Bodensee (FHaB)

ACHAMOTH VERLAG

Herausgeber Willi Seiß

Erste Buchausgabe Taisersdorf 2010
Zweite korrigierte Auflage Taisersdorf 2012

Titelbild: Hieronymus Bosch, Die Dornenkrönung, Ausschnitt
National Gallery, London

Zeichnung: Swana Perl

Mit einem herzlichen Dank an Dr. Sebastian Niklaus
für die Redaktion der Aufzeichnungen

ISBN 978-3-923302-34-5

INHALT Seite

Einleitung

Die folgenden Skizzen sind das Resultat geistiger Forschungen. Sie sind entstanden durch die Fragen zum Wirken der Sophia, und insbesondere auch zum Wirken der Neuentwicklung in der Freien Hochschule am Bodensee – der Aurum Vita-Elemente (AV-Elemente) – und der darin enthaltenen Metalle.

Sie erheben weder den Anspruch auf Vollständigkeit noch auf Beweisführung im heutigen wissenschaftlichen Sinne.

Die Themen werden im Verlauf immer wieder aufgegriffen und erfahren fortlaufend, wie in einer musikalischen Komposition, ihre Ergänzungen oder ihre Vertiefung.

Der 1. Teil behandelt verschiedene Prozesse und Begebenheiten, die sich alle auf das Wirken der Erdenmutter Eva, Maria oder Sophia beziehen. Sie sind in der Zeit vor den Studien zu den Metallen entstanden und haben die Wirkung einer Vorbereitung zum 2. Teil.

Das Hauptthema des 2. Teiles ist das Werden der Metalle aus dem *geistigen Gold*, aus der *Herzenswärme der Sophia*, dem Urbeginn der Materie aus dem Geiste. Dieses bildete sich zu verschiedenen geistigen Kräfteströmungen, zu den metallischen Kräfteströmungen, die wesentlich zu der menschlichen Entwicklung während den planetarischen Verkörperungen der Erde beigetragen haben – entweder als Vermittler der Gott-Vater- oder als Vermittler der Gott-Mutter-Kräfte.

Geistig sind die Metalle Kräfteströmungen, *keine Formen*. Diese metallischen Kräfteströmungen haben ihre Affinität zu den 3 Säfte-Systemen (Flüssigkeitssystemen) in der menschlichen Organisation: dem Drüsensystem (Endokrinen System), dem Blutkreislauf und der Lymphströmung.

In den AV-Elementen wird die Wirksamkeit dieser Metallströmungen aufgegriffen. Die Metalle werden durch die Rezeptur „ätherisiert" und lebendig gemacht, unter anderem durch die sehr fein zermahlene Staubstruktur und die besonders hohe Reinheit des Materials. Über die große Oberfläche und durch die Reinheit wird die geistige Wirkung der Metalle auf den ätherischen Leib, und von dort aus auf die physischen Saft-Systeme im Körper übertragen.

Der Träger des Elementes fühlt sich belebt, gestärkt, befreit, in vielfacher Art geschützt, wird aber auch gelegentlich aufgefordert, an sich zu arbeiten.

Catharina Barker

Der Baum des Lebens

Der Baum der Erkenntnis geht immer von den zusammenhängenden Gedanken aus, von den Verbindungen zwischen den Gedanken.

Der Baum des Lebens geht immer vom Detail aus. Und in der liebevollen Betrachtung des Details verbindet er dieses mit dem Ganzen.
Das ist der Baum des Lebens im Seelischen.

Im Geistigen ist der Baum des Lebens immer das Ganze.
Dieses Ganze ist aber nicht durch Erkenntnis zu vermitteln, sondern nur durch Inspiration oder Intuition.

Es gibt einen Baum des Lebens
im Physischen, im Seelischen und im Geistigen.

So kommt man zu den drei Gestalten:

EVA, MARIA, SOPHIA

Der Gral in Süd-England

Auch in Süd-England lebte das Gralsgeschlecht. Das war das Geschlecht von König Arthus.
Es wird immer angenommen, dass es einerseits den Gral, das Gralsgeschlecht in Frankreich gegeben hat, und andererseits das Geschlecht der Ritter, der Helden [der Tafelrunde].
Beide sind aber Gralsgeschlechter gewesen, nur hat das eine sich mehr innerlich gebildet, wodurch die Seele sich im Wort geäußert hat.
Der ganze Minnesang ist aus diesem Gralsgeschlecht entstanden. Das Ziel war die Erhebung des Weiblichen, die Verehrung der weiblichen Seele, unabhängig von der Fortpflanzung.
Die andere Gruppe, in England, bildete sich aus in dem Heldentum, in den ritterlichen Taten, die in den Sagen von König Arthus beschrieben worden sind.

Das Keltentum war eine sehr gute Grundlage für das Gralschristentum. Die Kelten waren noch hellsichtig. Sie haben vieles von der atlantischen Kultur herübergetragen.
Joseph von Arimathia brachte ihnen ein neues Hellsehertum, das man durch Schulung erreichen konnte. Das kannten die Kelten noch nicht.

In Süd-England bei Avalon befinden sich viele Michaelskapellen in einer kerzengeraden Linie.
Darum herum, in einer Schlangenlinie um diese Gerade, ranken sich die Marienkapellen – ein Bild des Buddhistromes, des Lebensgeistes.
Die Kelten kannten Sophia, weil sie immer in ihren Inspirationen und Schauungen mit ihr verbunden waren.

Rudolf Steiner macht sehr viele Angaben über das Keltentum. Diese Kultur hat sehr viel bewahrt von dem Atlantiertum, insbesondere die Fähigkeit der Hellsichtigkeit.
Nur waren die Hellsichtigen nicht die Fortgeschrittenen am Ende der atlantischen Zeit. Die Fortgeschrittenen, die Mitglieder des Sonnenorakels, die sich bereits ein Stück weit von der atlantischen Hellsichtigkeit

fortentwickelt hatten, verfügten über andere Fähigkeiten, welche in die Zukunft gerichtet waren.
Das Keltentum konnte diejenigen Seelen aufnehmen, die die Schwächeren waren und die diese Entwicklung noch weiterhin brauchten. Es waren diejenigen, die verdorben waren in dem Vulkanorakel.

Die Führer dieses Volkes waren nicht die Verdorbenen des Vulkanorakels, sondern die weniger Verdorbenen aus den anderen Orakeln.
Diese haben sich allmählich weiterentwickelt in ihren Verstandeskräften.

Aber die Massen nicht. Diese lebten weiter in ihren Naturtrieben und ihrer Hellsichtigkeit.
Daher waren sie machtlos den Römern gegenüber, weil sie das gewöhnliche [damals übliche] Kämpfen gar nicht gelernt hatten.

Das Wirken der Sophia bei der Entrückung

Gott kann nicht immer den Menschen entrücken, wenn dieser in zu große Todesqualen kommt.
Die Seele muß den Leib loslassen wollen, sonst ist eine Entrückung nicht möglich.
Dann aber kommt die Gottesmutter, die Sophia und hüllt diesen Menschen in Düfte und schöne Gerüche ein. Sie sagt dann, dass der Mensch es nicht so gewollt hat, dass Luzifer ihn vergewaltigt hat.
Durch die süßen Düfte kann der Leib die Seele loslassen. Diese wurde zuvor in dem Leib festgehalten, dadurch, dass sie sich mit dem Leib identifizierte.
Diese Düfte finden ihr irdisches Abbild in Weihrauch und Myrrhe, die auch zum Zweck da sind, dass die Seele sich erheben kann.

Gold

Das Gold glänzt immer, auch durch den Schmutz hindurch.
Für die Seele bedeutet das Gold – der Anblick von Gold – den Schutz gegen die schwarzen Depressionen.
Das ist der Grund, weshalb die Tyrannen immer das Gold gesammelt und angehäuft haben, weil hinter ihrem nach außen gewandten Willen die Depression da war. Es ist so, dass dieser nach außen gewandte Wille keine Substanz nach innen hat.
Diese Wirkung kannten die Eingeweihten und sie benutzten das Gold zu religiösen Zwecken. Da bedeutete das Gold die Anwesenheit der Götter auf Erden. Für die Massen war es der Anblick des Göttlichen auf Erden.

Die Menschen aus dem Sonnen-Orakel

Rudolf Steiner hat es in seinen Vorträgen zur „Spirituellen Ökonomie" so beschrieben, dass die Menschen aus dem Sonnen-Orakel ganz unauffällig waren, ganz still und demütig, und gar nicht an der Spitze stehend von dem, was damals die Atlantische Kultur ausgemacht hat.*

Auch wussten die Orakel voneinander nicht, was in den anderen Orakeln gepflegt wurde. Das wussten nur die Götter. Die Götter haben sozusagen das „Gütesiegel" anbringen können, nicht die Menschen.

Man dachte, dass die Menschen vom Sonnenorakel nichts konnten, dass sie gar keine Fähigkeiten hatten. Ihre Fähigkeit war aber, dass sie sich ganz tief konzentrieren konnten um auf den Geist, den Sonnengeist, den Christusgeist zu hören.

Bekannt war, dass die Frauen im Sonnen-Orakel außerordentlich schön waren. Deshalb wurden die Sonnen-Orakel manchmal belagert.
Aber wenn diese dann unterlegen waren, dann haben sich die Frauen immer umgebracht, indem sie sich aufgehängt haben.
Die Frauen haben immer einen Strick als Gürtel bei sich getragen, weil sie belehrt wurden, dass es besser ist, sich umzubringen, als in die Hände von niederträchtigen Männern zu fallen.

* Rudolf Steiner, *Das Prinzip der spirituellen Ökonomie im Zusammenhang mit Wiederverkörperungsfragen*, GA 109, Dornach 1965, S. 13.

Die Sophia – Eine Realimagination

Ganz lieblich,
ganz tief herzlich,
ganz tief herzinniglich,
ganz tief gemüthaft,
ganz tief demütig,
ganz jung und frisch, als ob sie tief geschlafen hat – weil der Schlaf so gedacht worden ist, dass man wieder in Gottes Schoß ruht –,
ganz tief weise, weil sie das Leid von allen Menschen kennt, aber auch das Leid von den Göttern.

– weil sie die Geistseele selber ist,
weil sie die Schwesterseele von Gott ist.

Und weil die Rosen das Sinnbild der Seele sind, wird sie mit Rosen abgebildet. In Sienna wurde sie mit sieben Rosen abgebildet, sonst manchmal mit einer Flut von Rosen, manchmal mindestens mit einigen.

Sie ist die Geistseele, die sich mit dem Herzen verbunden hat. Nicht mit dem Herzen, das durch Luzifer besetzt ist, sondern mit dem Herzen, so wie es von den Göttern für die Menschen gedacht worden ist.

Realimagination:

Die 8-blättrige Lotusblume senkt sich in die 2-blättrige Lotusblume. Das Herz nimmt dann das Bild wahr.

Die zwei Schwester- und Bruder-Seelen-Individualitäten

Das Menschenwesen hat eine Schwester- oder eine Bruderseele, je nachdem.
Die eine verkörpert das seelische Element, die andere das Willenselement.
Das bleibt immer so, auch wenn beide sich als Mann oder beide sich als Frau inkarnieren – es ist immer der Gleiche, der im Wesen Mann und die Gleiche die im Wesen Frau ist.

Beide haben eine eigene Individualität und doch sind diese eins.
Sie sind dadurch eins, dass die Individualitäten einen verschiedenen Charakter haben und sich ergänzen.

In der Geisteswelt, d.h. wenn die beiden sich in der geistigen Welt befinden, dann sind sie Eins. Aber es gibt dann 2 Flammen des göttlichen Geistes in diesem Wesen, aber eben 2 Flammen, die verschieden sind.

Das ist das bekannte Bild des Janus-Kopfes, das nicht nur seelisch gemeint ist, sondern auch geistig.

Auch Gott ist so gebildet, dass es in ihm 2 Individualitäten gibt, 2 göttliche Flammen. Nach Gottes Ebenbild wurde der Mensch geschaffen.
Die männliche Flamme ist Gottes Geist,
die weibliche Flamme ist Sophia.

Durch Sophia kann der Heilige Geist wirken. Sie ist es selber nicht.
Woher kommt aber der Heilige Geist?
Er ist ein Teil Gottes, weil Gott sich nicht ganz offenbart hat, sondern ein Teil seines Wesens zurückgehalten hat.
So wie auch bei dem Menschen ein Teil seines Wesens zurückgehalten wurde und nicht in die Schöpfung hineingegangen ist.

Im Osten spricht man selbstverständlich davon, dass Gott sich nicht ganz offenbart, sondern sich teilweise zurückgehalten hat, und dass aus dieser

Substanz die Avatare auf die Erde kommen, zur Rettung und Heilung der Menschen.
Den Gott, der sich offenbart hat, nennt man im Hinduismus Prajapati (Vater der Schöpfung).
Er ist in Wirklichkeit ein Teil von Vishnu. Diese Lehre war zutiefst christlich, bevor die Inder den Geist verloren haben.

Der Baum des Lebens und die Matrix

Die Reiche der Natur sind nach der Matrix, nach der Mutterform geschaffen und leben innerhalb dieser Form.
Auch das Menschenreich wurde so geschaffen, aber es lebt teilweise nicht mehr in dieser Matrix, weil die Menschen gefallen sind.

Die Hüllen können die Form verloren haben, aber auch das Höhere Ich. Das kommt dann dadurch, dass die Asuren die Form des Höheren Ich verzerrt haben.
Das haben die Menschen sich dann in früheren Leben zurecht gelegt, dadurch, dass sie sich der Sinneswelt völlig verschrieben hatten.
Daher bekommen diese Menschen die große Immun-Krankheit – Aids – oder die Fettsucht.

Dass es sehr viele Menschen mit Fettsucht gibt, hat die Wissenschaft festgestellt. In Amerika gibt es das Wissen schon lange. Auch befinden sich in Amerika ganz extreme Fälle, die man gar nicht erklären konnte aus einer Selbstsucht, die immer gut für sich sorgen will, weil die Sucht zerstörerisch für den betreffenden Menschen gewirkt hat.

Dann hat man Medikamente entwickelt, die eine stärkere Fettverbrennung bewirken konnten. Die sind auch wirksam gewesen, haben aber doch kein Resultat gebracht, weil das Fett dann sofort wieder gekommen ist, weil die „Form" das verlangt hat – weil die Matrix verdorben wurde.

Dann haben sie die Mägen von den betreffenden Menschen operativ verkleinert. Aber das hat nur den Besten genützt, weil diese sich bewusst waren, dass der Magen sich wieder vergrößert, und dabei aber auch immer dünner wird, weil die Substanz des Gewebes ausgedehnt wird.

Die anderen haben sich dann doch wieder übernommen beim Essen.
Sie wussten dann aber, dass zum letzten Mal eine Operation möglich wäre.

Danach hatten sie die Wahl, sich zu Grunde zu richten oder sich zur Mäßigung zu zwingen.
Das haben dann wieder einige gekonnt, so dass sie endlich den Weg zurück anfangen konnten. Das war anscheinend der einzige Weg, der ihnen noch hatte helfen können.

Es ist sehr traurig, meint man, dass die hohe hierarchische Substanz des Höheren Ichs verdorben werden kann. Aber auch die Hüllen des Menschen sind von den Hierarchien geopfert worden, sind aus hierarchischer Substanz.

Alle Teile dieser hierarchischen Opfer werden zusammengehalten durch die Matrix, die Mutterform, die der Baum des Lebens ist.

In seiner ungeläuterten Form ist es das Kundalini, in der verwandelten Form ist es der Buddhistrom, der Strom des Höheren Lebens, der die Chakren verbindet.

Die sophianische Fähigkeit vom Standpunkt des Innenlebens

Sophia wirkt, wenn die Seele ganz still wird, weil sie dann Wahrnehmungsorgan für die Umgebung wird. Dann nimmt die eigene Seele die Bedürfnisse, das Leid oder die Schicksalsnotwendigkeiten des anderen auf.

Aber dann handelt man in dem Schicksalsmoment – nach diesem Wahrnehmen, das weiblich ist –, dann ist es die männliche Seite, die dann gefragt ist. Das ist dann ganz Christi Wille.

Sophia darf nur aktiv werden, wenn die Menschen sich dazu erzogen haben, dass sie Offenbarungen empfangen können. Dann beschenkt Sophia den Menschen mit ihren Schauungen, die nichts anderes sind, als die Weisheit Gottes.

Die Mutter im Erdinneren

Insofern die Erdschichten aus dem Ätherischen gewoben sind, sind diese aus der Substanz der Mutter, der Sophia entstanden.

Aber diese Substanz wurde geraubt, das heißt, dass das reine ätherische Leben von abartigen Gedanken ergriffen worden ist.
Diese kommen nicht von Luzifer, und nicht von Ahriman, auch nicht von den Asuren, sondern von den Menschen, die von Luzifer verführt worden sind.

Die Gedanken sind weiblich, weil sie aus der ätherischen Muttersubstanz gewoben sind.
Sie werden ergriffen von den astralischen Wesenheiten.

Christus konnte in die Hölle absteigen, weil auch ein Teil seines Wesens da hineingegangen ist:
- erstens ist Sophia ein Teil von Ihm,
- zweitens ist auch Seine Formkraft aus dem Atma im Erdinneren. Man nennt diesen Teil das „Phantom".

Christus brachte „gesunde" Gedanken in die Hölle. Dann ist die Mutter erwacht.
Christus konnte mit diesen Gedanken einige Wesen in der Hölle befreien und Er versprach diesen, dass Er sie erlösen würde bei Seiner Wiederkunft.
Das hat Er gemacht, aber Er hat diese Wesen gebeten, an ihrem Ort zu bleiben, damit sie die Reiche der Hölle verbessern können würden.

Die Seele der Sophia ist ganz verborgen, weil sie nichts für sich selbst will, als sich ihrem Gott hingeben und ihm dienen.
Das ist die Urseele, die nur Hingabe an das Göttliche ist.

Christus und Sophia – Die Kreuzigung

Sophia ist immer bei Christus, weil sie ein Teil von Ihm ist.
Die Milde des Christus kommt von der Sophia, weil die Milde überhaupt von der göttlich-geistigen Seele der Sophia kommt.
Und wenn eine Frau die Milde in ihrer Seele trägt, dann hat Sophia sich mit ihrer Seele verbunden.

Als Christus gekreuzigt wurde, war auch Sophia bei Ihm.
Und als Er die schrecklichen Schmerzen spürte, nachdem Gott Ihn entlassen hatte aus Seiner Entrückung – weil Gott ihn entrückt hatte – dann musste Er nicht hassen – obwohl jede Seele, die die Menschen gekreuzigt haben, dann hassen muß, weil die Schmerzen entsetzlich sind – weil Sophia bei diesem Geschehen aus Seinem Seelenumkreis in Sein Herz abgestiegen war.
Und dann hat sie Ihn beruhigt und gesagt, dass Gott Ihn wieder entrücken würde.

Sie war vorher noch nicht aus dem Seelenumkreis in Sein Herz abgestiegen, weil Sein Herz noch nicht so tief erwacht war, dass Er hätte hassen können.
Er schrie laut – während dieser Entlassung – und rief „Mein Gott, mein Gott, warum hast Du mich verlassen?“. Aber gehasst hat Er nicht, sondern Er konnte noch weitere Worte sprechen.

Christian Rosenkreutz, Sophia, Christus und das Höhere Ich des Menschen

Wenn ein Mensch sich entschließt, nichts für sich selbst von der Welt zu wollen, sondern anderen in ihrer Entwicklung oder in ihrer Not behilflich zu sein, dann verbindet sich mit der Seele dieses Menschen Christian Rosenkreutz, weil er Träger des reinen Höheren Ichs – hauptsächlich des Lichtäthers – des Menschen ist, der vor dem Sündenfall von ihm bewahrt worden ist – wie Tomberg in seinen Betrachtungen zum Alten Testament* ausgeführt hat.

Wenn diese Seele eine weibliche Seele ist, der weibliche Teil der zusammengehörenden Individualitäten, dann verbindet sich – unter gewissen Bedingungen – auch die Sophia mit dieser Seele. Sie ist Trägerin hauptsächlich des reinen chemischen Äthers.

Wenn diese Seele der männliche Teil ist, dann verbindet sich Christus – unter gewissen Voraussetzungen – mit dieser, weil er der Träger des Atma, des reinen Lebensäthers ist.

Beide Seelen haben aber auch das Gegenteilige, nämlich entweder das Männliche oder das Weibliche bis zu einem gewissen Grad in sich, so dass auch die Sophia sich mit der männlichen Seele, wie auch Christus sich mit der weiblichen Seele bis zu einem gewissen Grad im Höheren Ich verbindet.

* V. Tomberg, *Anthroposophische Betrachtungen über das Alte Testament*, Kapitel XII Jesus von Nazareth, Schönach 1989.

Sophias Fürbitten, bis sieben Mal
Die Kinderschänder – das irreversible Vergehen

Kinder sind heilig vor Gott, weil sie noch ganz aus Gottes Substanz gewoben sind.
Sie sind noch nicht im Stande sich vor Erwachsenen zu verbergen, eben weil sie noch ganz aus Gottes Substanz gewoben sind, und sie vertrauen den Erwachsenen so wie sie Gott vertrauen, auch wenn es ihnen nicht zu Bewußtsein kommt.

Sie sind ganz tief durch die Erwachsenen zu beeinflussen, aber auch durch Gott, aber dann auch durch den Teufel – wie die russischen Menschen, weil ihr Ätherleib noch ganz jung ist.
Die Menschen, die Kinder schänden wollen, sind schwer vom Teufel besetzt, weil sie Gottes Substanz ausnützen wollen für ihr Geschlecht.
Es ist das allerschlimmste Verbrechen, das man auf Erden ausüben kann.
Das ist in der Welt nicht so bekannt, wie es unter den Göttern bekannt ist.

Die Menschen, die so etwas überhaupt wollen, sind schwer krank in ihrem Geschlecht – das ist nicht, was man Pädophilie nennt, das war eigentlich etwas anderes. Das war kein geschlechtlicher Umgang, sondern ein liebevoller Umgang mit Kindern. Nur verstehen die Menschen das heute nicht, weil sie zutiefst dekadent geworden sind.
Solche Menschen sind schwer krank, weil sie das Göttliche ausnützen wollen als Fraß für ihr Geschlecht, das Göttliche, weil die Kinder noch ganz offen sind, noch ganz jung und ungeboren in ihrem Geschlecht, weil sie das mütterliche Element noch sehr brauchen, und weil sie noch voller Ehrfurcht sind für das Gute – aber auch für das Böse. Sie können noch nicht unterscheiden, sondern müssen das von den Erwachsenen lernen.

Und dann werden sie angegriffen.
Sie haben aber vorher dem Menschen vollkommen vertraut – und werden dann missbraucht. Aber sie wissen nicht, dass sie missbraucht werden, weil sie dem Menschen noch immer vertrauen.

Und sie fühlen sich ganz schlecht und ganz verlassen, von Gott und von den Menschen, weil der Mensch sich ihnen nähert, nicht mit Liebe, sondern in großem Egoismus – was ihnen nicht unbedingt zum Bewußtsein kommen muß. Sie fühlen sich ganz von Gott verlassen. Aber das verstehen sie nicht, weil der Mensch doch so nett war.
Und dann ist etwas in den Kindern gebrochen, weil sie geschlechtlichen Umgang hatten ohne Liebe und ohne Herzlichkeit.

Diese Kinder sind dann tief geschädigt, nicht nur für dieses, sondern auch für zukünftige Erdenleben, weil das Geschlecht sich zu regen begonnen hat, ohne dass das Bewusstsein gegensteuern kann – weil dann der Doppelgänger sich viel zu früh zu regen anfängt, und sich frei entfalten kann, ebenfalls ohne dass das Bewusstsein gegensteuern kann.

Dann aber wird der Doppelgänger ganz mächtig, weil dieser immer an das Geschlecht gebunden ist.
Dann können auch die weißen Blutkörperchen [nicht die medizinischen weißen Blutkörperchen, sondern die Schwefelteile des Blutes] sich ganz frei entfalten – eben weil das Bewusstsein nicht gegensteuern kann.

Und dann werden sie immer wieder missbraucht und können sich nicht verteidigen, weil die Lage ihnen gar nicht bewußt ist – weil der Mensch doch so nett war – weil sie noch nicht zwischen Gut und Böse unterscheiden können.

Es ist aber für die Kinder noch nicht bemerkbar – dass der Doppelgänger sich frei entfalten konnte – sondern es ist erst bemerkbar, wenn sie in die Geschlechtsreife kommen. Dann hat Gott aber fast keinen Zugang mehr zu ihnen, weil sie dann bereits mächtig von ihrem Geschlecht überwältigt werden.

Das hat Gott nicht gewollt als er diese Sünder zur Erde geschickt hat. Das hat er auch nicht vorgesehen. Und die Kinder hatten sich das auch nicht karmisch zurechtgelegt.
Aber der Teufel hat es gewollt und er hat seinen Knecht auf sie losgeschickt. Das können ganz unschuldige Kinder gewesen sein.

Dann ist es aber kein karmischer Ausgleich gewesen. Sondern es ist ein Opfer gewesen, das einmal seinen Ausgleich erfahren wird. Diese Seelen müssen sich dann wieder erziehen, aber ihnen muß auch wieder eine Chance gegeben werden.

Und das ist der Grund, warum Gott die Kinderschänder aus der Schöpfung, aus diesem Weltenzyklus wegnimmt: Weil diese sonst immer wieder ihrem Opfer begegnen würden und es immer weiter verderben würden.

Wenn diese Kinderschänder dann durch den Tod gehen, dann schauen sie ihre Taten und es graut ihnen. Es graut ihnen, ihre Taten vor Christi Angesicht schauen zu müssen.

Aber noch wissen sie nicht, was sie erwartet, selbst wenn sie diese Taten schon drei Mal begangen haben. Dann hatte Christus ihnen immer wieder eine Chance gegeben, und hat ihnen gesagt, dass sie ihre Taten wieder gut machen können. Aber Er hat ihnen am Ende auch gesagt, dass es nur noch einmal möglich ist, dass ihnen eine Chance gegeben wird. Wenn sie diese Chance dann wieder nicht nutzen, wird Er sie aus der Schöpfung wegnehmen müssen.

Auf Erden haben diese Menschen das dann vergessen. Aber sie erinnern sich wieder, wenn sie wieder vor Christus stehen. Dann wollen sie aber nichts mehr hören, weil sie wissen was kommen wird.
Sie müssen aber das Urteil hören, das dort gesprochen wird.
Das wird aber nicht von Christus gesprochen, sondern von Gott-Vater, der dann durch Christus spricht.
Es ist keine milde, sondern eine tief erzürnte Stimme, die das Urteil spricht.
Gott sagt aber noch nicht, dass er sie aus der Schöpfung wegnehmen wird. Er sagt dann, dass der Mensch ein nichtswürdiges Geschöpf geworden ist, dass er Gottes Saat nicht mehr in sich trägt, sondern dass er des Teufels Saat in sich trägt, so dass nur Teufelsbrut aus ihm werden kann. So dass Gott ihn also aus der Schöpfung wegnehmen *muss*, das heißt, dass er geistig sterben muss.
Aber das bedeutet für diesen Menschen *eine große Erlösung*, weil er gar keine Teufelsbrut werden will.

Es ist den Menschen gar nicht bekannt, dass diese Seelen gar nicht mehr leben wollen, dass sie lieber sterben möchten, weil sie wissen, dass sie ihre Sünden nicht mehr gut machen können, dass sie nur immer tiefer fallen werden.
Dann wird die Inkarnation zum Alptraum, weil sie im Himmel Gott lieben und verehren, aber auf Erden wie Teufel sind.

Dann *bitten* sie Gott, sie sterben zu lassen.
Sie sind dann ganz tief ehrfürchtig.
Und das ist die beste Saat für den nächsten Weltenzyklus, dass sie einmal ganz voller Ehrfurcht gewesen sind, und dass sie dann wussten, dass Gott gerecht ist.

Dann erleben sie, dass ihre Hüllen sich eine nach der anderen auflösen. Aber ihr göttlicher Keim kehrt dann zu Gott zurück. Das wissen sie, darauf bauen sie.

Gott erlaubt nicht, dass ganz hohe Seelen als Kinder missbraucht werden, weil diese dann nicht mehr wirken könnten.

Das steht in dem „Vertrag"*, welcher mit dem Bösen geschlossen wurde. Das heißt nicht, dass das Böse das nicht mehr will, oder sich daran halten will. Es wird es immer versuchen und sich nie an den Vertrag halten wollen. Aber dann darf Gott eingreifen, weil es im Vertrag steht.

Die Bitten der Mutter

Es spricht aber nach dem Urteil noch die *Mutter*, weil es dann nicht Sophia ist, sondern die Mutter Maria, weil sie aus dem Herzen von Christus spricht. Wenn sie aus dem Herzen des Vaters spricht, dann ist sie Sophia.

* Siehe auch: V. Tomberg, *Inspirationen zu den Großen Arcana des Taro XIV-XII und weitere hermetische Beiträge*, XV „Der Teufel", 2. Auflage, Taisersdorf 2011.

Weil Sophia in der Mutter Jesu, des Nathanischen, sich nicht inkarniert, sondern die Seele überschattet hat in den höheren Wesensgliedern.

Sie bittet sieben Mal, immer wieder und sagt, dass der Mensch nicht schuldig ist, dass er es nicht gewollt hat, und dass Luzifer ihn vergewaltigt hat.

Aber dann lehnt Christus immer wieder ab und wird immer bestimmter. Aber das will auch sie, weil sie die Kinder liebt, und weil sie weiß, dass dieser Mensch sich nicht mehr erziehen kann.
Dann macht sie immer noch weiter, aber Christus wird dann immer bestimmter.
Und schließlich ist es ganz sicher, dass für diesen Menschen nichts anderes mehr möglich ist.

Und dann erleben diese Menschen, dass ihre Hüllen weggenommen werden, zuerst der Ätherleib. Dann werden sie ganz dünn und flüchtig, weil sie dann nur noch einen Astralleib haben.
Aber dann sind sie ganz gewiss, dass ihr Kern zu Gott geht. Das wissen sie, dass ihr Kern zu Gott zurückkehrt, dass sie nicht ganz aufgelöst werden – was sie gar nicht hätten ertragen können.

Und dann weiß Gott, dass dieser Mensch das nächste Mal – in einem folgenden Weltenzyklus – trotz den Versuchungen ganz gut durchkommen wird, weil er dann voller Gottesfurcht und ganz devot sein wird, nachdem er durch den geistigen Tod gegangen ist.

Und dass auch das einen Sinn hat, ist möglich zu denken, und das ist auch so.

Amen

Das Bild der Sophia

Das Bild* zeigt nicht die üblichen Merkmale der Mutter Maria: Sie ist gänzlich von Rosen umgeben.
Es ist üblich, daß *Sophia* vollends mit Rosen umgeben dargestellt wird. Aber diese Abbildungen findet man nur in der Ostkirche, denn nur da hat man noch über die Sophia gewußt.

Weiter trägt sie eine Krone und eine goldene Aureole. Über ihr ist Gott-Vater abgebildet. Zwischen ihnen ist die Taube zu sehen – auf der Höhe des Herzens vom Vater –, als Symbol des Heiligen Geistes.

Die alten Maler wussten, dass sie zu Gott gehört, aber nicht als Braut, sondern als Teil von ihm. Die Taube ist das Zeichen, dass sie nicht physisch verbunden sind, sondern durch den Heiligen Geist.

Der *Heilige Geist* ist das Gesamte des Höheren Ichs des Menschen, Manas, Buddhi und Atma zusammen.
Aber dieser höhere Teil kommt von Gott, als Er den Menschen geschaffen und ihm Leben eingeblasen hat.
Das heißt: *Jahve* hat dies vollbracht – aber in Wirklichkeit hat Gott es durch ihn hindurch vollbracht.

Es ist das Heilige Herz Jesu, das Heilige Herz Gottes, das sich dem Menschen in der Atlantischen Zeit hingeneigt hat, sich aber noch nicht voll mit seinem ätherisch-physischen Leib hat verbinden können.
Mit diesem Höheren Ich, dem Heiligen Herzen Gottes, kann der Mensch sich nur verbinden – immer tiefer –, wenn er Christus in seinem Herzen aufgenommen hat.

Jahve ist der Führer der Elohim. Das ist eine Gruppe in der Hierarchie der Exusiai. Sie stellen zu siebt die „Fülle“, das *Pleroma*, dar.

* Siehe Anhang: Stefan Lochner, *Maria im Rosenhag* (Wallraf-Richartz-Museum, Köln).

Sophias Auferstehung

Tomberg teilt in seinen Unterweisungen mit, dass Sophia in der Weihnachtszeit 1940 auferstanden ist* So haben es die Menschen niedergeschrieben, die ihm zugehört haben.
Sie haben es aber nicht ganz richtig verstanden, sondern es so aufgeschrieben, wie es für sie verständlich gewesen ist.

Tomberg hat gemeint, dass der ätherische Leib von Sophia, der im Erdinneren durch die schlechten Gedanken der Menschen gebunden worden ist, wieder soweit gereinigt wurde, dass dieses für die Menschen bemerkbar wird.

Die Reinigung konnte dadurch fortschreiten, dass Christus im 20. Jahrhundert wieder eine Höllenfahrt durchgemacht hat. Das wird Christus immer wieder tun, in rhythmischer Folge, weil die Gesetze der ätherischen Welt von rhythmischer Art sind.

Dass die ätherische Welt des Erdinneren wieder reine Teile hat, erkennen auch die Doppelgänger, die ihren Weg durch die Erdsphären nach dem Tode des betroffenen Menschen wieder antreten müssen.

Dann aber erleben sie, dass nicht alles in Ordnung ist, so wie sie geworden sind. Sie erleben, dass es auch anders hätte sein können.
Diese Erkenntnis ist ihnen früher nicht möglich gewesen, weil sie alles um sie herum so erlebt haben, wie es ihrem Wesen entsprochen hat. Deswegen hatten sie den Eindruck, dass alles so in Ordnung ist, wie sie sind.

Diese Erkenntnis nehmen die Doppelgänger mit in die neue Verkörperung und haben dann nicht mehr die Möglichkeit, so mächtig zu werden. Daran werden sie durch eine Art von Gewissen gehindert.
Die Menschen werden dann zwar etwas bemerken, aber sie werden nicht wissen, dass es die Wirkung der Sophia ist.

* V. Tomberg, *Karmische Zusammenhänge bei Gestalten des Alten Testaments – Mitteilungen aus der Arkandisziplin*, 2. Auflage, Taisersdorf 2010, S. 8-10.

Diejenigen aber, die sich entwickelt haben, werden das als eine große Erleichterung erleben, weil der Doppelgänger dann an Kraft eingebüßt hat.
Das wird dann in hohem Maße bei den arabischen Völkern bemerkbar sein, weil ihr Kundalini in besonderem Maße verdorben ist.

Dann aber werden sie einander nicht helfen, oder brüderlicher werden, sondern dann werden die Stärkeren auf diese Schwächeren einschlagen, so wie diese einmal die Schwächeren oder die Frauen – wie es bei den Arabern nicht unüblich ist – in früheren Zeiten geschlagen haben, bevor sie sich dann haben entwickeln wollen.
Das wird dann kein Ausgleich für vergangene Taten sein – weil sie das nicht mehr verdient hätten, weil sie sich dann haben entwickeln wollen –, sondern ein Opfer für die Zukunft. Diese Menschen werden dann einen anderen Gott suchen müssen, weil Allah da nicht mehr helfen kann.

Sophia, die Seele Christi

Sophia ist ein Teil von Christus.
Doch weiß man nicht, wie man sich das vorstellen soll.
Man soll nicht an die Darstellung mit den Rosen denken, wenn Sophia bei Christus ist. Und doch ist sie auch da von äußerster Lieblichkeit.

Sie ist dann die ganz helle Türkisfarbe, die man fast nicht auf der Erde findet – die in der Aura zu sehen ist, womit die alten Maler Ihn dargestellt haben, weil sie das noch wussten.

Aber sie ist nicht nur die helle Türkisfarbe, sondern auch das ganz helle Rosa, aber auch die ganz helle zarte gelbe Farbe in dieser Aura, die ebenfalls fast nicht auf Erden gefunden wird, außer in den frischen Blüten der Heckenrose.

Die Farben in der Aura um Christus sind die Sophia, weil sie in den Farben leuchtet. Sie ist versteckt hinter Christus in diesen Farben, weil sie immer tief verborgen ist.

Diese Farben haben auch alle strebenden Menschen in ihrer Aura, wenn auch noch so gering.

Und daran erkennen sie einander und fühlen sich verbunden.

Der reine Teil des ätherischen Leibes der Sophia

Die Metalle sind durch die Vaterkräfte, das heißt durch die kosmischen Kräfte entstanden.

Allerdings sind sie im Erdenleib entstanden, welcher ursprünglich aus dem ätherischen Leib der Sophia entstanden ist.
Denn Sophia hat einen Teil ihres Ätherleibes geopfert, als ihre Gabe an die neue Schöpfung. Das Ätherische ist in seiner geistigen Gestalt nichts anderes als das Strömende, das Bewegende im Geiste. Es ist hier nicht der Erdenäther gemeint. Der war noch nicht geschaffen.

Die Welt ist entstanden aus den Gaben, aus den Opfern der Hierarchien, von Gott.
Alles was entstanden ist, ist durch das Opfer der geistigen Welt entstanden.

Der geopferte Teil des ätherischen Leibes der Sophia ist dann tief gefallen.
Ein kleiner, rein gebliebener Teil hat sich darauf tief zurückgezogen bis in den Erdkern.
Dies ist dann eine heilige Stätte geblieben, die Christus dann aufgesucht hat, weil sein Geist das gewollt hat.

Christus ist durch die Erdschichten gegangen, die sich nicht bis zum Mittelpunkt der Erde ausdehnen.
Er hat in allen Schichten bis zur sechsten Sphäre verweilt. Durch die siebte bis neunte Sphäre ist Er zwar durchgegangen, aber Er hat da nicht verweilt, weil Er wusste, dass er die Kräfte noch nicht hatte, um dort wirken zu können.

Er hat dann diese Heilige Stätte, diesen ganz reinen ätherischen Teil der Sophia besuchen und sich mit diesen Kräften verbinden können.
Er musste dort nicht lange verweilen, weil das Wesen der Sophia da nicht gefunden werden kann.

Mit diesen Kräften bekleidet ist Er dann aufgestiegen und war noch ganz unsichtbar. Maria Magdalena hat Ihn aber doch wahrgenommen, weil sie hoch begabt war im inneren Schauen, weil sie ihren Meister tief verehrt und weil sie ihn auch innig geliebt hat.

Dann wurde Sein Wesen – wie bei Tomberg* zu lesen ist – durch ihre Sympathie angezogen und für sie schaubar in der Intuition.

Dann sprach Er zu ihr: „Fasse mich nicht an, weil ich noch nicht zum Vater gegangen bin."
Das hat sie nicht verstanden, aber sie hat es den Jüngern so weitergegeben.
Diese haben es zunächst auch nicht verstanden. Aber später haben sie es dann verstehen können, weil sie auch in die Hermetischen Schulen gegangen sind, so wie Christus das gewollt hat.

Diese Inhalte konnten sie zunächst gar nicht aufnehmen, aber dann haben sie allmählich doch viel verstanden und sind innerlich aufgeblüht.

Dann wussten die Hermetiker, dass sie doch sehr hochmütig gewesen sind, weil sie gedacht haben, dass die unteren Schichten des Volkes an dem Unterricht nicht teilnehmen könnten.

Darüber wird in der Bibel nicht gesprochen, weil die Hermetischen Schulen verdeckt gehalten wurden.

* V. Tomberg, *Karmische Zusammenhänge bei Gestalten des Alten Testaments – Mitteilungen aus der Arkandisziplin*, 2. Auflage, Taisersdorf 2010, S. 98.

Das Sternenkleid der Sophia – Maria

Die Menschen haben sich in früheren Zeiten geborgen gefühlt, wenn die Sterne an dem dunklen Nachthimmel geleuchtet haben.
Dann spürten sie, dass zu der tiefen Dunkelheit, zu der Strenge des Vaters, der milde Glanz der Liebe der Mutter gegeben wurde.
Sie spürten, dass die Sterne das Kleid der Sophia waren, das Kleid, das die Menschen mit Milde und Barmherzigkeit umwoben hat.

Und der Handwerker wusste, dass das Werk, das seine fleißigen Hände geschaffen hatten, dass er durch seine Arbeit an dem Sternenkleid der Mutter gewoben hat.
Alle Arbeit, die durch die hingebende Tätigkeit der Hände entsteht, ist ein Weben am Kleid der Mutter, weil diese Arbeit rein ist.
Jeder Handwerker ist bei seiner Arbeit glücklich gewesen, weil die Triebe dann geschwiegen haben, weil er die Triebe dann nicht gespürt hat.
Und wenn er dann durch seine Arbeit erschöpft gewesen ist, dann musste er die Triebe auch nicht mehr so stark ertragen, dann konnte er ruhig schlafen gehen.

Das ist bestimmend für das Leben und das Schicksal der Handwerker gewesen, dass sie sich bemüht haben, sich aus dem Fall zu erheben und zu arbeiten am Sternenkleid der Sophia.

Marias Fürbitte – Luzifer

Die Menschen, die beteiligt waren an dem Plan, das Kind Kaspar Hauser im Dunkel einzukerkern, in Einsamkeit leben zu lassen und ihm die aufrechte Haltung unmöglich zu machen, haben dies schrecklich bedauert.
Das hat ihnen aber nichts genützt.
Die Vorstellung, dass man einem Kind das antun soll, ist gottlos.
Und Christus wollte, dass sie verloren gehen, vernichtet werden.
Das haben diese Menschen dann demütig angehört und hingenommen.

Dann ist Mutter Maria gekommen und hat Fürbitte für sie getan und gesagt, dass sie nicht schuldig sind, sondern dass sie durch Luzifer vergewaltigt worden sind, und dass sie sich nicht wehren konnten, weil sie das Werkzeug nicht hatten, und dass sie einmal Gottes Kinder waren.

Maria tut immer Fürbitte für die Menschen, weil sie weiß, dass sie von Luzifer verführt worden sind. Sie benutzt tatsächlich das Wort vergewaltigen, weil es wirklich so ist.
Luzifer hat die roten Blutkörperchen verdorben, indem er ihnen den Schwefel hinzugefügt hat.
Der Schwefel macht das Blut leidenschaftlich, emotional und voll des Zornes, aber auch unstet.

So ist Luzifer charakterisiert worden in einem Bild, das in der geistigen Welt bekannt ist: mit wallenden rotglühenden Gewändern und frevelhaften spitzen Füßen, eher ausschlagend als schreitend, und unstet.

Dass Luzifer diesen Zugriff, diesen Biss ausführen konnte, lag daran, dass er Zugang zum Baum des Lebens hatte.

Und das erleben alle Seelen, die missbraucht werden durch Männer, die sie nicht lieben, dass der Körper dann verdorben wird. Weil die Seele sich nicht beteiligen kann – indem sie Gott und das andere Wesen liebt, wodurch die Schwefelkörperchen weggehalten werden – sondern weil der sogenannte natürliche Sinnesgenuß des Geschlechts dann umgeleitet wird in die niederen Wesensglieder, wo er zur Sucht wird. Und dann vermehren sich die Schwefelteilchen. Das ist unumgänglich, wenn der weibliche Körper missbraucht wird. Auch für ganz hoch entwickelte Seelen ist es nicht anders möglich.

Und auch Luzifer wurde einmal – in übertragenem Sinne – gebissen.
Das machte der vorgehende Luzifer, bevor er noch ganz erlöst war.

Aber dann hat der vorgehende Luzifer Christus gebeten, dass er das nicht tun muß, weil die Menschen dann ganz schrecklich leiden müssen. Und dann sagt Christus, dass es nicht anders geht, weil die Menschen lernen müssen,

sich gegen das Böse zu wehren,
wenn eine 10. Hierarchie entstehen soll.

Und dann beißt der gewesene Luzifer – in übertragenem Sinne – den nächsten Luzifer und darf dann neben Christus stehen und ihm helfen im Kampf gegen den folgenden Luzifer.

Dass Christus jedes Mal gekreuzigt wird ist sicher, und dass Zarathustra jedes Mal seine Seele und der nathanische Jesus jedes Mal seinen Körper zur Verfügung stellt, das ist ebenfalls sicher.
Und jedes Mal tun sie es gern für Ihn.

Chakren und Buddhistrom

Die Chakren sind verbunden durch den Buddhistrom, das ist der Strom des reinen Lebens.
Dieser bewegt sich in einer geschwungenen Linie, weil die Chakren leicht gegeneinander versetzt sind, wie eine schön gebildete Ranke.
Der Strom geht durch die Blütenblätter.
Nur die Wurzeln sind an das Rückgrat gebunden.
Von da aus kann der Ruhestrom, der vom Baum der Erkenntnis – vom Haupte – kommt, die Chakren erreichen.
Von dort aus kann der Mensch die Ruhe in die Chakren hereinbringen.

Der Blutstrom im Menschen ist der veräußerlichte Lebensstrom, der in die Welt hinein geflossen ist.
Dieser hat eine andere Bewegung, nämlich einen Strom vom Zentrum zur Peripherie und zurück.
Das ist das Bild vom Herzen, was Tomberg gebracht hat.* Dann ist Christus tatsächlich im Umkreis.
Und wenn der Blutstrom sich nach Außen hingibt in der Leidenschaft für das Leben, dann ist es das luziferische Blut.
Und wenn der Strom nach Außen geht in stillem Dienen seiner Umgebung, dann ist es die reine Hingabe an das Leben, das ist die Fußwaschung.
Das ist das Blut im Dienste Christi.

Das Rückgrat ist nur wichtig für den Baum der Erkenntnis.
So wie Rudolf Steiner es beschreibt: dass man bei der ersten Nebenübung das Gefühl der Ruhe, vom Kopfe aus – wo diese Ruhe erzeugt wurde – in das Rückgrat hinunter senkt. **

Der Baum des Lebens geht von unten nach oben über den Buddhistrom, der nichts mit dem Rückgrat zu tun hat.

* Siehe auch: W. Seiß, *Chakra-Werk*, R 2.1/4 und V. Tomberg: *Vaterunser-Kurs II*, Anlage 8.
** Siehe auch: R. Steiner GA 267: *Seelenübungen*, S. 55-56.

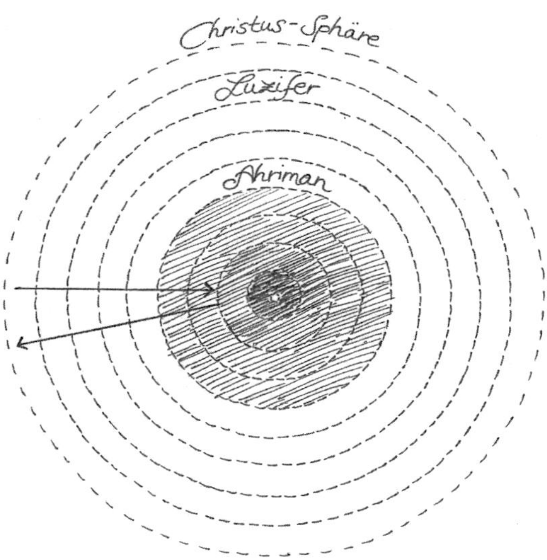

HERZRINGE

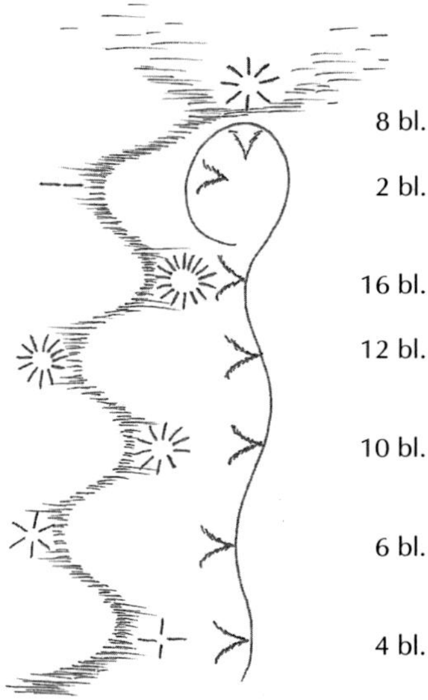

BUDDHI-STROM, BLÜTEN-BLÄTTER

WURZELN RÜCKGRAT

Äußerer,
irdischer Kreislauf,
veräußerlichtes „Kundalini“

Der äußere Strom
geht durch die
ungeläuterten Blätter

Dunkel-rot-braun
von Luzifer ergriffen

Innerer
geistiger
Kreislauf

Der geistige Strom
geht durch die gereinigten
Blätter der Lotusblumen

Hell leuchtend
in Rosarot

DAS GEISTIGE GOLD UND DIE METALLE

Vaterkräfte – Mutterkräfte, Licht – Wärme

Es ist tatsächlich so, dass die Materie zuerst als Wärme da war.
So beschreibt Rudolf Steiner den Anfang der Erden-Entwicklung, den Alten Saturn*. Diese Wärme ist aus den Mutterkräften entstanden.

Das einheitliche Wesen (Gott-Vater-Mutter) hatte sich getrennt in Wärme (Mutter) und Licht (Vater).

Die Materie neigt sich in ihren Elementen entweder mehr dem Männlichen oder dem Weiblichen zu, z. B.:

Eisen – männlich,
nimmt dann aber auch eher den asurischen Charakter an, wenn es „gefallen" ist. Die ganze Kultur ist jetzt auf Eisen gebaut. Es hat das Kupfer verdrängt.

Kupfer – weiblich,
fähig, die Wärme zu leiten, aber auch das Luziferische aufzunehmen. Jetzt muß das Kupfer die Elektrizität leiten, was ihm in seinem Innersten widerstrebt.

Geistige Wesen sind immer männlich-weiblich, es sind 2 Individualitäten, die im Geiste eine Einheit sind, ein geistiges Wesen.

Geistige Wesen leben aber schon in der ätherischen Welt getrennt.

In Wirklichkeit verkörpern die Frauen die Wärme und die Männer das Licht. Durch die jetzige Kultur geraten die Wesensglieder in Unordnung:

> Der männliche Ätherleib der Frau (Licht) kühlt zu sehr ab durch die Intellektualität (das Frieren der Frauen),
>
> der weibliche Ätherleib der Männer (Wärme) wird zu hitzig, weil dieser durch die Intellektualität aus den Fugen geraten ist.

So sind aber die Frauen früher nicht gewesen. Sie haben die Wärme ausgestrahlt aus dem (weiblichen) astralischen Herzen.

Die mütterliche Wärme ist bei dem weiblichen Wesen am stärksten, weil die astralischen Herzen bei den Frauen den größten Wärmeanteil haben.
Die Männer haben in ihrem astralischen Herzen den Kälteanteil, das Licht.

Die urmütterliche Substanz ist die Wärme, die geistige Wärme,
oder der *Heilige Geist*.

Der Sohn verbindet beide (Licht und Wärme).

* Rudolf Steiner, *Die Geheimwissenschaft im Umriß*, GA 13, Dornach 1989.

Vaterkräfte und Mutterkräfte in den irdischen Metallen und Substanzen

Eisen und Kupfer sind nicht die äußersten Polaritäten unter dem Aspekt der Vater- und Mutterkräfte in den Substanzen.

Die äußerste Polarität unter den Metallen im Sinne der Vaterkräfte ist das Silber, weil das Silber am besten von allen Metallen die Vaterkräfte vermitteln kann.

Das Gold steht außerhalb der Polaritäten, weil im Gold alle Metalle verschlossen gewesen sind.

Die Vermittler der Vaterwirkung

Das nächste Element unter den in den AV Elementen benutzten Metallen, was dem Silber verwandt ist, ist noch nicht das Eisen, sondern das Vanadium.

Das nächste Metall, das dem Silber verwandt ist, ist immer noch nicht das Eisen, sondern das Molybdän, was auch in dem Rezept vorhanden ist.

Das nächste Metall auf dieser Stufenleiter ist dann das Chrom, das als Halbleiter eingesetzt wird (daher für das „wissenschaftliche Denken" schwer verständlich, weil es in diesem Sinne eher mit Kupfer verwandt sein sollte), weil es Eisenteile in sich hat (ein sogenanntes Halbelement).

Das nächste Element ist das Selen, das einen starken Anteil am „geistigen Eisen" hat.

Dann kommt das Eisen, aber nicht das hoch rein gereinigte Eisen.

Das hoch gereinigte Eisen nähert sich dem Silber am meisten an, so dass es auf der Stufenleiter nach dem Silber kommen sollte, aber als „natürlich gegeben“ erst an dieser Stelle.

An dieser Stelle geht die Stufenleiter dann nicht weiter, weil die anderen Elemente (der Rezeptur) dem Kupfer eher verwandt sind. Eine Ausnahme bildet das Gold, wie oben schon angedeutet wurde.

> *Das geistige Gold ist der Teil des Göttlichen Herzens,*
> *der sich in dem weiblichen Teil des Göttlichen,*
> *in dem Herzen der SOPHIA befindet.*

Die Vermittler der Mutterwirkung

Das Kupfer ist der beste Vermittler für die Mutterkräfte.
Der nächstbeste ist das Barium,

der nächste Zink, weil es ein sehr leichtes Metall ist, was leicht von der Feuerglut verzehrt werden kann, wenn man das Feuer zu hoch geschürt hat.

Der darauffolgende ist Magnesium, das kein Metall mehr ist, sondern sich schwefelartig benimmt.

Dann ist der nächste das weniger wertvolle, nicht so hochreine Kupfer gewesen.

Dann kommt das Bismut, das ebenfalls sehr feuerempfänglich ist und sich auch wie Schwefel benimmt.

Dann das Blei, das nicht geeignet wäre, um unmittelbar an der Haut getragen zu werden, aber innerhalb der Hülse gänzlich unbedenklich ist.

Das Eigengewicht der Metalle ist nicht ausschlaggebend für die Wirkung als Vermittler für die Mutterkräfte, sondern die Rangordnung in der Abstufung der Kupferwirkung.

Der nächste wäre das Zinn, das etwas weniger schwer ist als das Blei.

Das Wolfram ist weder für die Mutterwirkung, noch für die Vaterwirkung als Vermittler geeignet, aber es sorgt dafür, dass die Elemente sich in ihrem gegenwärtigen Gleichgewicht der Mischung halten können.

> *Das Gold ist da, um alle Substanzen zu umhüllen,*
> *aber auch um diese zu schützen gegen einander,*
> *weil das geistige Gold voller Güte und Wärme ist.*

Alchemistische Aspekte zu den AV-Elementen

Was bewirken die Elemente unter dem Aspekt des Psychosomatischen?

Im Ganzen wird das Drüsensystem (medizinisch: Endokrine System, Hormonsystem) tief gereinigt und durchgearbeitet.

Das Drüsensystem ist die Steuerung der Leibesfunktionen, aber auch von den leiblich-seelischen (psychosomatischen) Funktionen – was im Ganzen als Wohlbefinden (oder dessen Abwesenheit) erlebt wird –,

aber nicht von den geistig-seelischen Funktionen, weil der Geistkeim des Menschen diese steuert – wenn er stark genug geworden ist.

Diese Wirkung von den Metallitäten auf das Drüsensystem ist von der Wissenschaft noch nicht gemessen worden, aber man weiß, dass die Schwermetalle u.a. auf das Drüsensystem schädlich wirken.

Die AV-Elemente können die Schwermetalle im Körper nicht direkt heraus treiben. Das können aber andere Methoden. Die Schwermetalle lagern sich meistens in den Fettschichten ab, aber auch in anderen Teilen. Die Nerven sind auch umgeben von sehr feinen Fettkörperchen, in denen sich Schwermetalle ablagern können.

Die Elemente reinigen die Drüsenorganisation dadurch, dass sie die feinstofflichen Prozesse in diesen anregen können.

Aber dann ist es so, dass die Elemente nicht nur auf das Drüsensystem wirken, sondern auch auf den Blutkreislauf, weil dieser das zweite System im Menschen ist, dass seinen Ausdruck in Form von Säften findet.

> *Es ist die Kupferwirkung, die tief reinigend aber auch sanft anregend auf den Kreislauf wirkt. „Sanft" will sagen, dass die Kupferwirkung keine leidenschaftlichen Wellen schlägt. Das ist die Wirkung von Eisen im Blut.**

Die Eisenwirkung soll im Nervensystem wirken, in seiner hochreinen Form, die dem Silber am ähnlichsten ist, und im Drüsensystem, das mehr die Grundlagen für das Willenshafte gibt.

Das dritte System, das sich in der Form von Säften ausdrückt, ist das Lymphsystem, der Lymphstrom, der sich überall dorthin begibt, wo eine Reparatur von den Zellen notwendig ist. Den Lymphstrom kann man betrachten als einen Strom flüssig gehaltener Zellen.

Es ist gar nicht notwendig, dass die Elemente sich um das Lymphsystem kümmern, weil dieses nicht von den Menschen selber gesteuert wird, sondern durch die Hierarchien.
Die Lymphknoten sind die Punkte, an denen der Mensch noch an den Hierarchien angekettet, angebunden ist, so dass die Hierarchien die menschliche Gestalt durch diese Eingangstore erhalten können.

Der Blutkreislauf ist weitestgehend freigegeben worden, aber nicht ganz, weil JAHVE noch den Herz- und Atemrhythmus überwacht.

Das Drüsensystem ist ebenfalls weitestgehend freigegeben, aber auch nicht ganz, weil die ANGELOI und ARCHANGELOI diesem mithelfen zu regulieren, da dieses System sonst vollends verfallen würde.

Das ist nicht der persönliche Engel, auch nicht der persönliche Erzengel, der dies bewirkt, sondern speziell beauftragte Gruppen von Engeln und Erzengeln, die hiermit beschäftigt sind.

Aber es ist dann der persönliche Engel, der diese Wirkung seinem Schützling weitergeben kann, wenn es dann so ist, dass dieser Mensch bereit ist, diese Informationen aufzunehmen.

Der Mensch könnte diese Systeme niemals ohne die Hierarchien aufrecht erhalten. Aber durch seine Freiheit ist es dann doch möglich, dass diese Systeme in hohem Maße verfallen können.

Das Lymphsystem wird gesteuert durch die noch höhere Hierarchie der KYRIOTETES.

Die Elemente bewirken
in dem charakterologischen Gefüge des Menschen:

Entwicklung der Persönlichkeit,
bewußtes Handhaben der Persönlichkeit,
besseres „Gerüstet-sein" der Persönlichkeit für die Ansprüche des Lebens.

Das will sagen:

Die Individualität kann sich besser die Fähigkeiten aneignen, die sie für das Leben braucht.
Sie kann Denken, Fühlen und Wollen besser steuern, wenn sie das wollen wird.
Der Wille ist wieder mehr bereit, den Geist aufzunehmen.
Das Denken ist wieder mehr bereit, das Leben in sich aufzunehmen.
Das Fühlen ist wieder mehr bereit, die für die Menschen ungeeigneten Wünsche loszulassen.

* Über das Vertauschen von Kupfer und Eisen durch das Luziferische Wesen, siehe weiter unten und insbesondere S. 59.

Das planetarische Werden der Metalle und der Säftesysteme (Flüssigkeitssysteme)

Die Metalle haben eine tiefe Affinität zu den Säftesystemen (medizinisch: Flüssigkeitssystemen), weil sie selber geronnene Strömungen sind. Im Geiste sind sie Kräfteströmungen, keine geistigen Formen, was ein Unterschied ist.

Diese Kräfteströmungen der Metalle hängen innig zusammen mit den Planeten, mit den geistigen Sphären der Planeten, aber nicht mit den Planeten, wie sie heute zu sehen sind, sondern mit den jeweiligen früheren Verkörperungen der Erde.

Nicht nur sind die Systeme in den Menschen damals veranlagt worden, sie sind auch mit jeder neuen Erdenverkörperung wieder weiterentwickelt worden, weil die Systeme sich immer wieder neu haben anpassen müssen.*

Der Blutkreislauf ist auf dem Saturn angelegt worden, aber dann auf der Sonne tiefgehend umgestaltet worden. Dann hatte das „Unglück" noch nicht stattgefunden.

Dann aber geschah das Unglück, dass LUZIFER die Strömungen vertauscht hat:
Das Kupfer wurde in den Kopf geschlossen und das Eisen in die Glieder gejagt.

* Rudolf Steiner, *Die Geheimwissenschaft im Umriß*, Die Weltentwicklung und der Mensch. GA 13, Dornach 1989.

Das Blei

Das Blei entstand während dem Alten Saturn.
Aber damals ist das Blei noch ganz „golden" und noch hoch fein gewesen.

Es ist nicht tatsächlich Gold gewesen, aber es hat die Reinheit des Goldes gehabt, weil es dann gerade erst aus dem Gold entstanden ist. Alle Metalle sind einmal aus dem Gold entstanden.

Das Blei ist dazu da gewesen, nicht um den Menschen aufzulösen, sondern um ihn zu individualisieren, weil er sonst immer noch ein Teil der göttlichen Gestalt gewesen wäre.

Das Kupfer

Dann ist auf der Sonne das Kupfer dazu gekommen, aber auch dieses war damals noch fast wie Gold.
Es hätte den Menschen in seinem eigenen Kreislauf tief erwärmen sollen.

Aber dann hat LUZIFER das Eisen – in einem Vorausgreifen der Entwicklung – in die Glieder, d. h. in den Blutkreislauf gejagt.

> *Dann ist das Blut etwas wilder geworden,*
> *dann ist der Kopf etwas illusionärer geworden.*

Und dadurch ist der ganze Mensch etwas verkehrter geworden, etwas anders als Gott es gewollt hat.

Das Silber

Auf dem Mond kam die Silberströmung dazu, als jedoch bereits alles schon in Unordnung geraten war.
So ist das Silber die Strömung des Geschlechtslebens geworden. Das war ganz richtig.

Dann ist aber das Silber schwer geworden. Das Silber ist mehr der Erde zugewendet gewesen, als vorgesehen war, weil es mit dem Eisen vermischt worden ist.

Das Eisen

Auf der Erde ist das Eisen entstanden, d. h. in der 1. Hälfte/Phase, die Rudolf Steiner dann die „Marsphase" der Erde genannt hat.
Damals ist es der richtige Zeitpunkt gewesen, wo es zur weiteren Ausgestaltung der Individualität beigetragen hat.

Es wurde dann aber in die Kopforganisation gelenkt, insbesondere in den Kehlkopf, weil die Sprache, die Stimme der besondere Ausdruck der Individualität geworden ist.

Die verfrühte Zufuhr des Eisens in die Gliedmaßen durch Luzifer auf der Sonne, hat zur falschen Individualisierung geführt, zum Eigenwollen.

Die anderen Metalle sind Abschattierungen der 3 Hauptmetalle gewesen:

KUPFER, EISEN und SILBER.

Gold ist kein Hauptmetall, weil es alle Metalle in sich hat.

Weiteres zur Blei-, Silber- und Eisenwirkung – Die Heilung des Unglücks auf der Alten Sonne

Das erste Blei (Saturn) ist noch nicht das heutige Blei gewesen, sondern ein silbrig-goldenes Blei, weil der Vater die erste Silberwirkung aus dem Gold herausgelöst hat, damit der Mensch ein individuelles Wesen wird.

Weil eben der Vater sich am stärksten durch das Silber kundtut, aber durch ein hochreines Silber, und weil es damals auf dem Alten Saturn ein hochreines Silber gewesen ist, mit Bleigehalt. Deswegen hat es Rudolf Steiner doch als Blei bezeichnet, im Unterschied zu dem späteren Silber, was immer noch hoch rein gewesen ist, aber nicht so hoch fein und rein (wie auf dem Saturn).

So dass dann das Geschlechtsleben sich tiefer hat inkarnieren können, weil das Geschlechtsleben immer da gewesen ist, aber noch nicht in den ätherischen Hüllen.
Deshalb, weil die ätherische Hülle auf der Sonne angelegt worden ist, aber damals noch ganz tief mit Gott verbunden gewesen ist, so dass das Geschlechtsleben noch keine Rolle gespielt hat.

Gott hat daraufhin gewußt, dass Luzifer das Geschlechtsleben mehr in das Bewußtsein gebracht hat, dadurch, dass er Eisen in das Blut gejagt hat, d. h. in die Glieder, weil das für die Menschen ein schmerzliches Erlebnis gewesen ist, weil er dann seinen Blutkreislauf nicht mehr ganz von Gott getragen gespürt hat.

Dann ist das Blut etwas schwerer geworden und konnte dem Menschen nicht helfen, in die Vertikale zu kommen, was er damals hatte erobern können; sondern er ist fast wieder ein horizontales Wesen geworden, was Gott nicht gewollt hatte.

So dass Rudolf Steiner sagt, dass der Mensch damals auf dem „häßlichsten Stand“ seiner Entwicklung gewesen ist. Das betrifft den Anfang der Lemurischen Epoche (es wiederholt sich aber kurz in der Atlantischen

Epoche), wo der Mensch sich schon in der (vorgehenden) Polarischen und Hyperboräischen Epoche ganz schön hatte aufrichten können. Aber danach ist er in die Schwere, in die Horizontale gesunken.

Die Erdzeiten der 1. Hälfte der Entwicklung sind die Wiederholungen von den früheren Erdenverkörperungen. In den Erdzeiten ist aber alles sichtbar geworden, was vorher noch im Geiste gewesen ist.

Bei diesem Anblick ging ein Seufzen durch den Kosmos, weil dann gedacht wurde, dass die Frucht der Götter zutiefst verdorben sein würde, wenn nicht ein Wunder geschehen würde.

Das Wunder ist geschehen dadurch, dass Christian Rosenkreutz und Zarathustra, die im Ätherischen getrennten (aber im Geistigen vereinten) Seelen – oder anders gesagt, der nathanische Erzengel Jesus* und der Erzengel Jesus – sich verbunden und den Christus in sich getragen haben. Dieser hat dann lange warten, lange ausharren müssen in der Aufrechte; und die beiden wußten, dass sie lange da stehen und ausharren müssen als Vorbild für die Menschen, damit diese sich dann wieder haben aufrichten können.

Das war das erste Christusopfer in der Lemuris.
Das war die Heilung des Unglücks auf der Alten Sonne.

* Siehe: W. Seiß, *Chakra-Werk*, C 5. 3/15.

Die besondere Wirkung der einzelnen AV-Elemente auf die physisch-ätherischen Systeme in der menschlichen Organisation

Das **TS-Element** ist am ausgeglichensten:
Es wirkt nicht auf die unteren Drüsen – das würde nicht im Einklang sein mit der Entwicklung zur Freiheit der Menschen –, sondern auf die oberen Drüsen (durch die sogenannte Eisenwirkung):

die Zirbeldrüse (Epiphyse),
die Hypophyse und
die Schilddrüse.

Durch die Kupferbeimischung wirkt es auch sanft anregend auf den Kreislauf,
nicht in dem Kopfbereich,
sondern in dem Brustbereich.

Dann ist das TS-Element auch am ausgeglichensten dadurch, dass es ganz sanft wirkt, nicht wie die anderen Elemente, die stark das eine oder das andere anregen.

Dann ist das Element auch dadurch am ausgeglichensten, dass es auf beide Systeme nicht nur sanft anregend, sondern dass es auch heilend wirkt, das heißt, dass die (korrigierende) Wirkung erhalten bleibt, nachdem man es nach längerem Tragen wieder ablegt.

Die Zeit der Heilung ist je nach Person sehr unterschiedlich, liegt aber im Allgemeinen zwischen 4 und 8 Wochen.

Dann ist es aber gut, das Element weiter zu tragen, weil es einen Schutz bedeutet:

1. Gegen atomare Strahlungen in jeder Hinsicht – weil es nicht nur die Atommeiler sind, sondern auch die vielen heutigen Produkte, die bestrahlt worden sind.
2. Gegen die Verschmutzung des Erdorganismus durch die Strahlung mit ihren verschiedenen Frequenzen der Handy- und sonstigen Sendemasten.
3. Aber auch gegen die seelischen Angriffe aus der Umgebung, die den Menschen ebenso bedrohen können, auf dem Arbeitsplatz (Mobbing) oder Zuhause.

Das **TA-Element** wirkt sanft anregend auf den Kreislauf – nicht starke und große Wellen schlagend, wie das Eisen im Blut, wie oben schon gesagt – so dass das Blut tief gereinigt wird, dass es wieder flüssig wird, nachdem es durch das verdorbene Triebleben träge und dickflüssig geworden ist.

Das Blut wird nicht äußerlich flüssiger – weil das sehr schädlich sein kann –, sondern das Blut kann ganz feine Strömungen aufnehmen, die ihm dann durch die dazu bestimmten Erzengel und Engel gegeben werden, wenn der Mensch es wollen wird. Es wäre sehr gut möglich, dass dieser kein Interesse daran hat und dass er lieber weiterhin seinem Triebleben Folge leisten möchte.

Ebenso wie das TS-Element, kann auch das **TA-Element** tief heilend wirken. Dies erfordert etwa eine Zeit von etwa 4 bis 6 Wochen.

Dann ist es aber auch hier gut, das Element immer mal wieder zu tragen, weil die eigene Kraft dann noch nicht stark genug ist, um die Informationen der dazu bestimmten Erzengel selber aufnehmen zu können.
Es schützt dann die Menschen sozusagen gegen die eigene Triebwelt.

Das **TL-Element** kann das Gebiet des Kopfes im positiven Sinne sehr stark durchwärmen, nicht nur die ätherische Hülle des Kopfgebildes,

sondern auch die geistig-ätherische Hülle, die ganz zart und feingegliedert ist, weil dieser Teil die Gedanken tragen muß, so dass auch das Gedankenleben tief durchwärmt werden kann.
Das **TE** wirkt eher im Brustbereich.

Das **TU-Element** trägt die Vaterkräfte in sehr hohem Maße in sich, und die ganze Wucht dieser Kräfte ist im Stande wieder Ordnung in die Lebenskräfte des Unterleibes zu bringen.

Die Folge der Wirkung der AV Elemente für das seelische Befinden

TS – TE und TA – TL

Die **Elemente TS** und **TE** haben einen höheren Anteil an Eisen (Eisenwirkung), was zur Folge hat, dass sie die Kraft der Individualität stärken.*

Die **Elemente TA** und **TL** haben einen höheren Anteil an Kupfer (Kupferwirkung), was zur Folge hat, dass der Mensch in seiner Organisation die heilsame Wirkung der Mutter Erde aufnehmen kann.

Im **TE-Element** ist noch mehr Eisen vorhanden. Das heißt, dass die Erdenwärme weit zurückgedrängt ist, aber nicht so, dass der Mensch daran Schaden nehmen könnte. Dann stellt sich ein Lichterlebnis ein, wenn der Mensch sich dazu geistig vorbereitet hat.

Aber es ist auch nicht schädlich, wenn er sich nicht vorbereitet hat, weil die Individualität sich dann wenigstens an die geistige Welt erinnern muß, die irgendwo in seinem Organismus noch anwesend ist, weil er doch einmal von Gott geschaffen worden ist.

Das **TL-Element** ist aber wenig aktiv, wenn der Mensch sich geistig nicht vorbereitet hat in seiner höheren Organisation, aber um so mehr in seiner Stoffwechselorganisation, wo es tief reinigend wirkt.
Das hat aber zur Folge, dass der Mensch sich dann doch wieder stärker als Individualität inkarnieren kann.

* Siehe auch für die seelisch-geistige Wirkung der Metalle: W. Seiß, *Chakra-Werk*, C 5.3/2-29, Schönach 1992-2007.

Das **TA-Element** wirkt tief reinigend in dem Stoffwechselsystem, aber auch auf den Blutkreislauf (so gesagt, weil es für die Wissenschaft zwei verschiedene Systeme sind. Geistig gesehen gehören sie aber zusammen, weil das Blut alle Organe versorgt und aufbaut).
Sie sind darin verschieden, weil sie von verschiedenen Hierarchien gesteuert werden, aber dann wirken die Hierarchien doch auch wieder zusammen.
Das **TS-Element** ist nicht immer das Beste (für jeden) gewesen, obwohl es das ausgewogenste von allen Elementen gewesen ist.
Das kommt daher, dass es nicht gut hat wirken können, weil der Ätherleib sich stark dagegen gewehrt hat, wenn der Ätherleib verdorben oder noch ungereinigt gewesen ist.
Das TS-Element kann immer da gut wirken, wo der Mensch diszipliniert gelebt hat.

Die Anthroposophen haben alle versucht, sich zu disziplinieren, weil sie das von Rudolf Steiner gelernt haben. Das ist dann mehr oder weniger gut gelungen, aber sie haben alle gewußt, dass sie nicht ausschweifend hätten leben sollen.
Das heißt aber nicht, dass es immer für alle Anthroposophen und Anthroposophinnen das Beste ist, weil manche folglich doch erst das TA brauchen.

Das **TE-Element** läßt stark die Kraft der Individualität spüren, so dass die Individualität kräftig in die untere Organisation eingreifen und diese wieder der Individualität anpassen kann, weil dieses Element sehr viel von der Substanz, die die Vaterwirkung vermitteln kann, in sich trägt.
Die Ruhe des Stoffwechselsystems kann auch positiv auf die Individualität zurückwirken, weil diese durch die milde Wärme des Stoffwechselsystems zutiefst durchwärmt werden kann.
Das bringt mit sich, dass der Atem befreit wird, der vielleicht in dem Moment durch die vielen täglichen Sorgen oder durch ein ungereinigtes Denken eingeklemmt gewesen ist.

Die Ursache, dass das **TS-Element** am meisten ausgeglichen wirkt, besteht darin, dass es der Organisation auch eine Hülle der schützenden Mutterkräfte vermittelt. Bei dem **TE-Element** ist dies weniger der Fall.

Dies ist bei dem **TU-Element** noch weniger der Fall, weil da fast ausschließlich die Vaterwirkung wirkt.
Das kann tief krampflösend wirken, so dass es dem „sich einkrallen“ des Astralischen in das Ätherische entschieden entgegen wirkt, weil das Astralische sich gegenüber der geistigen Wirkung der Vaterkräfte nicht durchsetzen kann, weil die astralischen Kräfte sehr viel tiefer auf der geistigen Leiter stehen als die Vaterkräfte.
Es ist im Allgemeinen am besten, das TU-Element nur einen Tag zu tragen, weil es sonst die Feuerkräfte des Seelisch-Geistigen zu sehr abkühlen läßt. Dies wird dann als Erschlagenheit, Ermattung, als Erschöpfung erlebt, was dann aber völlig unbegründet ist. Auch hier gibt es aber sehr individuelle Reaktionen. Für manche ist ein längeres Tragen möglich und sehr wohltuend.

Das Vertauschen von den Eisenkräften und den Kupferkräften in der menschlichen Organisation durch Luzifer

Das Metall oder die Substanz überhaupt, die am besten die Mutterkräfte vermitteln kann, ist nicht das Gold, weil das Gold alle Metalle noch in sich trägt, sondern das Kupfer, weil das Kupfer dem Gold am ähnlichsten ist, auch in seinem Glanz.

Es ist ein sehr weiches, aber auch tief biegsames Metall. Es hat deshalb auch die Aufgabe bekommen, durch die feinen Fäden die Elektrizität zu leiten. Wie schon oben gesagt: Dies widerstrebt dem Kupfer in hohem Maße; es ist aber dazu gezwungen worden, weil die Menschen diese Fähigkeit herausgefunden haben, dass das Kupfer letztlich doch tief willig ist, die Elektrizität zu leiten.

Seine eigentliche Aufgabe ist aber gewesen, die Wärme zu leiten, aber die geistige Wärme. Es ist jedoch dann auf der Erde das Gleiche geschehen, wie für die Seelen vorher, dass die Wärme von der luziferischen Kraft tief ergriffen worden ist. Diese ist dann nicht aus einer geistigen Quelle gekommen, sondern aus einer tief terrestrischen, weil Luzifer schon tief in der Erde hat wirken können, weil er das Kupfer mißbraucht hat.*

Das ist nicht der „Raub der Sophia" gewesen – Dieser hat sich auf einer geistigen Ebene abgespielt. Sondern es ist die irdische Widerspiegelung von diesem Geschehen, weil das Kupfer ein Teil der Erde, der Mutter Eva immer gewesen ist.

Das Kupfer hat einen besonderen, tiefen Ton, wenn man es gut geschmiedet hat. Dann aber auch hat das Kupfer diesen tiefwarmen und schönen Glanz, der aber schnell erlischt, wenn es mit der sauren Luft in Berührung kommt. Denn die saure Luft reagiert sofort, wenn sie mit dem Kupfer in Berührung kommt.

* Siehe auch S. 63, Die terrestrische Kraft – der Erdmagnetismus.

Hinter der Oxydation steht die tiefe Hingabe des Kupfers an die saure Luft, weil es sich durch die saure Luft immer wieder gereinigt fühlt, weil in der sauren Luft wiederum stark die Vaterkraft lebt.
Hinter dieser Vaterwirkung der Luft steht auch wieder, dass sie sehr gerne das Eisen angreift. Dieses fühlt sich dann nicht gereinigt, sondern stark angegriffen, weil es die saure Luft nicht haben will, sondern die tief kalte und trockene Luft, weil es dann sein gefallenes Leben austoben kann, das heißt,

sich dem asurischen Leben tief hingeben kann, weil das asurische Wesen bis in den Stoff den Vater bekämpfen will.

Aber es ist nicht der Wille des Vaters gewesen,
dass das Eisen sich willig dem asurischen Leben hingeben möchte,
und es ist auch nicht der Wille der Mutter gewesen,
dass das Kupfer sich willig dem luziferischen Geist hingeben möchte,
sondern es ist der Wille beider gewesen,
dass das Eisen sich dem Bewußtsein
und das Kupfer sich der Wärme der Menschen hingeben sollte,

weil der luziferische Geist und das asurische Leben sich
in dem Menschen hätten bekämpfen sollen,
weil dann die Menschen (innerlich) gehört hätten,
wenn der luziferische Geist spricht, aber nicht Gott,
und wenn das asurische Leben spricht, aber nicht die Mutter.

Weil dann die Stimmen offensichtlich vertauscht worden sind:

Anstatt dass Gott in dem Bewußtsein gesprochen hat,
hat der luziferische Geist, der Geist der falschen Wärme,
in dem herabgedämpften Bewußtsein der Menschen gesprochen,

und anstatt dass die Wärme der Mutter gespürt wurde,
hat der Mensch die eiskalten Triebe des asurischen Lebens in sich spüren wollen.

Weil dann einmal durch Luzifer dieses Leben
mit dem hitzigen Bewußtsein

vertauscht worden ist,
weil dann der Mensch in seinem Kopf die hitzige Glut erlebt hat,
aber in seinen Gliedern die eiskalten Triebe,
weil dann der Mensch ganz tief willig (geworden) ist,
in seinen Gliedern die eiskalten Triebe der Mordgelüste zu spüren,
weil er dann das Eisen aufgenommen hat,
das durch Luzifer verdorben worden ist, lange bevor das Eisen auf der Erde entstanden ist,

weil er die geistige Kraft des Eisens vertauscht hat
und diese in die Glieder gejagt hat,
in seinem grenzenlosen Hochmut, alles besser zu wissen als Gott,

aber dann auch die geistige Kraft des Kupfers in den Kopf geschlossen hat,
weil dann der Kopf ganz groß hätte werden müssen,
weil die Wärme des Kupfers diesen aufgeplustert hätte,

wenn dann MICHAEL nicht das Schwert genommen hätte (wie Rudolf Steiner gesagt hat)*
um die restliche Glut,
die er dann in den armen geplagten Kopf des Menschen hätte nachschieben wollen,
um diese dann auf den Luzifer zurückzuschlagen,
*wodurch Luzifer dann eine tiefe Wunde am Kopf** bekommen hat,*
wodurch dann die Glut in seinem Kopf,
der dann schon überhitzt gewesen ist,
noch verstärkt wurde.

Dann hat Luzifer aber sein Amt dadurch verloren,
weil er dann nicht mehr hochintelligent gewesen ist
– weil er dann an Kraft eingebüßt hat, dadurch,
dass er die Wunde an seinem Kopf bekommen hat –
weil er dann degradiert worden ist
von dem Rang eines Cherubim
– in einem früheren Weltenzyklus eines Seraphim, wo er dann auch schon degradiert wurde –
zu dem Rang eines Kyriotetes.

*Michael ist ein sehr hohes Wesen. Er ist auch ein Bodhisattva gewesen und Buddha geworden in früheren Weltenzyklen. Er wollte kein trinitarisches Wesen werden (die nächste Stufe in der Rangordnung der Himmlischen Hierarchien), weil er bei der Erden-Entwicklung bleiben wollte. Dann wurde er doch ein trinitarisches Wesen, aber bekam eine Aufgabe in der Welt, nämlich den Luzifer zu bewachen, weil Luzifer völlig aus den Fugen geraten ist (was ein Luzifer immer sein wird) und nicht mehr dem göttlichen Ratschluß hätte gehorchen wollen.

** Die Holzstatue (Menschheitsrepräsentant) von Rudolf Steiner läßt die merkwürdigen Wellen an der linken Seite der Stirn von Luzifer sehen, die auf die Hitze deuten, die den Kopf aufgeplustert hat. Dadurch ist Luzifer ein Luzifer, dass er einen ganz groß aufgeplusterten Kopf hat.

Ahriman in der Grotte (im unteren Teil der Statue) ist durch das irdische Gold gebunden, wie man immer sagt. Aber es ist das eiskalte Eisen in den Gliedern der Menschen, das das Gold hat greifen und besitzen wollen, weswegen die Menschen dann tief geschürft haben, weil sie die Erde von allem Gold haben berauben wollen.

Die terrestrische Kraft – der Erdmagnetismus

Es ist tatsächlich so, dass dadurch, dass Luzifer damals den Menschen das Eisen in die Glieder gejagt hat, eine Affinität geschaffen worden ist zu dem später erscheinenden Erdmagnetismus, der eine Wirkung von Ahriman ist.

Ahriman selber ist nicht gleich mit dem Erdmagnetismus, sondern er lebt darin.

Erdmagnetismus ist nicht die Elektrizität, sondern er ist Vermittler der Elektrizität, die selber nichts anderes ist als die degradierte himmlische Kraft des Kupfers, nämlich die „himmlische Elektrizität".*

Diese wurde dadurch verdorben, dass Luzifer diese – die Kupferwirkung – in den Kopf des Menschen eingeschlossen hat, so dass das Gehirn des Menschen die Glut nicht mehr hat bewältigen können.

Dann hat Luzifer diese Kraft im Kopf ergreifen können und das Gehirn zum sog. irdischen Denken angeregt. Damit wurde das Denken von der göttlichen Offenbarung abgeschnitten.

Dieses irdische Denken ist selber noch nicht die Elektrizität, sondern es hat Wirkungen in dem Erdenäther verursacht, die dann die Elektrizität gebildet haben.

Die Wirkungen des irdischen Denkens haben den himmlischen Wärmeäther – die Kupferwirkung aus dem mütterlichen Element – ergriffen und zu Elektrizität degradiert.

Dieses hat sich summiert in den letzten Jahrhunderten, ab dem Beginn der Neuzeit, wo die Intellektualität begonnen hat.

* V. Tomberg, *Meditationen über die Großen Arcana des Taro*, XI *„Die Kraft"*, *Meisenheim am Glan 1972.*

Dann hat auch Michaels Wirken seinen Anfang genommen, weil er dieses Denken hat bekämpfen müssen.

Seine Wirkung ist das Eisen, das sogenannte Schwert aus Eisen. Weil dann die Eisenwirkung das Denken wieder umgestalten kann,

wenn es von der 2-bl. Lotusblume aufgenommen wird.

Dann wird der 2-bl. Lotus die Wirkung des Eisens an die Epiphyse (Kopfdrüse) – die die irdische Umstülpung des 2-bl. Lotus ist – weitergeben.

Durch das Tragen des **TS-Elements** wird die Wirkung in der Epiphyse verstärkt. Es summieren sich dann die Kräfte.

Der Mensch erlebt nicht sofort die Wirkung seines irdischen Denkens, sondern erst bei seiner Wiedergeburt, weil er dann die elektrischen Wellen, die er einmal in dem Erdenäther verursacht hat, verantworten muß. Das geht in das Karma ein, wodurch das Karma immer schwerer wird.

Zu der Wirkung des Michaelischen Eisens im Blut.

Es ist so, dass das geistige Eisen auch seine Wirkung auf das Blut hat, weil das Blut viele Aspekte in sich trägt.

Die Kupferwirkung auf das Blut ist so, dass es das Blut in sanften Wellen hätte bewegen sollen, so dass es dann den Christus hätte tragen können – weil Christus immer durch die sanfte Wellenbewegung hat wirken können, wenn das Leben des Blutes sich zum Buddhi hat entwickeln können.

Das ist dann mehr die Mutterwirkung gewesen, weil alle Strömungen, alle Kreisläufe, alle erhaltenden Systeme aus der mütterlichen Substanz gebildet worden sind.

Das geistige Eisen wirkt tatsächlich auch auf das Blut, aber über den Weg der 2-bl. Lotusblume, die durch die Aufnahme dieses Eisen das falsche Eisen im Blut bekämpfen kann, so dass das Blut wieder zu der ursprünglich gewollten Bewegung zurückfinden wird und die falschen Eisenprozesse rückgängig gemacht werden können.

Der Geistkeim vom Vater
Der Keim von Sophia

So wie der Mensch den Geistkeim von dem Vater-Gott geschenkt bekommen hat, so hat er genau so auch von der Mutter den Keim geschenkt bekommen, der sich in der Eigenwärme ausdrückt.

Der Mensch empfindet sich durch diese Eigenwärme als sein eigenes Selbst. Er erlebt sich in dieser Eigenwärme.
Schon in der Saturnzeit hatte jedes Wärme-Ei den eigenen Wärmekeim bekommen.
Heute ist dieser Wärmekeim tief gefallen.

Christus trägt alle Menschen.
Sophia aber trägt auch alle Menschen.

Christus ist in der ätherischen Welt erschienen. Auch Sophia ist in der ätherischen Welt erschienen, weil sie ein Teil von Christus ist.
Tomberg bezeichnet dies aber nicht so (Das Erscheinen der Sophia) sondern er sagt: die Sophia ist auferstanden.*

Es ist aber nicht so, dass die Sophia nicht da gewesen wäre in der ätherischen Welt.
Es ist deutlich geworden, dass Christus bei der Höllenfahrt die Verbindung zur Mutter wieder hergestellt hat. Das heißt, die Verbindung innerhalb der Erdsphäre. Im Kosmos sind sie selbstverständlich immer verbunden gewesen.
Aber Sophia konnte erst später von den Menschen wahrgenommen werden.

* V. Tomberg, *Karmische Zusammenhänge bei Gestalten des Alten Testaments* – Mitteilungen aus der Arkandisziplin, 2. Auflage S. 8, 1984.

Das Höhere Ich befindet sich außerhalb des Menschen, weil es heute noch nicht die Fähigkeit hat, den ganzen Menschen zu umgeben und zu durchdringen. Es befindet sich außerhalb der Sphäre der Eigenwärme.

Die Chakren befinden sich ebenfalls außerhalb der Sphäre der Eigenwärme, ob sie entwickelt sind oder nicht.
Sie befinden sich auf der geistigen Ebene, nicht in der ätherischen Welt.
Aber es besteht dann trotzdem noch eine schmale Verbindung, wie ein ganz dünner Trichter nach oben, von der Eigenwärme zum Höheren Ich.

Die Chakren sind *geistige* Gebilde, die ihre Umstülpungen haben in der ätherischen Erdensphäre, und dann auch in der physischen Welt, *weil die ganze Menschengestalt eine Umstülpung der geistigen Lotusblumen ist.*

Die Chakren und die Menschengestalt – der Raum

Die 3 oberen Chakren sind dem Vater zugeordnet.
Das Herzchakra ist der Mutter und dem Sohn zugeordnet.

Nach der Auferstehung sind dann die oberen Chakren auch für die Frau zugänglich geworden, weil Christus nach der Auferstehung Vater und Mutter auf Erden verbunden hat.

Die 3 unteren Chakren sind nichts anderes als die Metamorphose der oberen Chakren, weil sie unter dem Herzen die Chakren spiegelbildlich vertreten.

Aber dann ist das Herz nicht die einzige Ebene, wo eine Spiegelung stattfindet, weil es auch noch eine Spiegelung von links und rechts gibt. Das ist die sagittale Fläche. Diese Spiegelung ist nicht männlich-weiblich differenziert gedacht gewesen, sondern gleichförmig. Die luziferisch-ahrimanischen Einflüsse haben aber diese reine Spiegelung abgeändert.

Der Mensch hätte ohne das luziferisch-ahrimanische ein vollkommenes Spiegelbild links und rechts gehabt, weil er dann dadurch sich selbst hat wahrnehmen können, dadurch dass er einen Raum hat wahrnehmen können.

Weil nur ein Raum den Menschen von Gott hat trennen können.
Weil das Raumerlebnis den Menschen erst vollständig von Gott hat trennen können.
Weil erst der Raum als gottlos hat angeschaut werden können. Weil es eigentlich gar keinen Raum geben würde, wenn der Mensch seine geistigen Fähigkeiten hätte erhalten können.

Aber dann hätte der Mensch sich auch nicht weiter entwickeln können, weil er immer noch in Gottes Schoß verweilt hätte, was er tief innig gern gemacht hätte, da der Mensch geahnt hat, dass er ohne Gott zu Grunde gehen würde.

Dann ist Vater-Gott nicht ganz, aber doch streng gewesen, während Sophia geweint hat*, weil sie wußte, dass die Menschenkinder wirklich nicht ohne Gott hätten aushalten können.

Daraufhin hat der Vater versprochen, dass er die Kinder innig schützen würde.

Auch die Mutter hat dann die Kinder nicht mehr zurückhalten wollen.
Gott-Vater hat dann die Mutter aber erlöst, weil er dann selber die Nabelschnur durchgeschnitten hat, wodurch sie mit der Mutter verbunden waren.
Das heißt, dass sich die Fontanelle – wo der Zugang und die Verbindung zu den Hierarchien seinen Sitz hatte – weitgehend verengt hat.
So, dass die Mutter die Wesen dann nicht mehr nach ihrem Willen hat führen können, weil diese dann durch das Durchschneiden dieser Verbindungen eigenständig geworden sind.

Weil der Vater (später) immer die Nabelschnur hätte trennen sollen, weil es immer streng die Sitte gewesen ist,
weil es für die Mutter fast unmöglich gewesen ist, die Kinder leiblich von sich zu trennen, weil sie sich während der Schwangerschaft darauf eingestellt hatte, dass das Kind ohne sie nicht hätte weiterleben können, weil sie wie in ihren eigenen Leib hätte schneiden müssen, weil das Kind mit der Nabelschnur tief verborgen in ihrem eigenen Leib entstanden ist; deshalb hat man das Schneiden der Nabelschnur dem Mann überlassen, der gewusst hat, dass er der Mutter diese Schmerzen hätte abnehmen müssen.

* Die kosmischen Tränen sind für die Erde nicht unbedeutend, wie Tomberg erklärt. Eine bestimmte Gruppe von der Hierarchie der Engel hat als Aufgabe, den Erdenäther mit Tränen zu benetzen, weil dies zu der späteren Überwindung von Ahriman beitragen wird (Siehe auch: *Karmische Zusammenhänge bei Gestalten des Alten Testaments – Mitteilungen aus der Arkandisziplin*, S. 151).

Stefan Lochner, *Maria im Rosenhag*. Wallraf-Richartz-Museum, Köln

Werke im Achamoth-Verlag

Valentin Tomberg

Anthroposophische Betrachtungen über das Alte Testament
(1933-1935)
1. Buchausgabe 1989, 240 Seiten – ISBN 978-3-923302-02-4

Anthroposophische Betrachtungen über das Neue Testament und die Apokalypse (1935-1938)
1. Buchausgabe 1991, 320 Seiten – ISBN 978-3-923302-03-1

Die Grundsteinmeditation Rudolf Steiners (1936-1939)
1. Buchausgabe 1993, 142 Seiten – ISBN 978-3-923302-04-8

Sieben Vorträge über die innere Entwicklung des Menschen (1938)
1. Buchausgabe 1993, 150 Seiten – ISBN -978-3-923302-05-5

Die vier Christusopfer und das Erscheinen des Christus im Ätherischen (1939)
1. Buchausgabe 1983
Neuauflage 1994, 148 Seiten – ISBN 978-3-923302-07-9

Aufsätze
aus der Zeit von 1930 bis 1938 über östliche und westliche Geistigkeit – die Geisteswissenschaft Rudolf Steiners, *Beiträge zur Erkenntnis– und Volksseelenlehre* – die Tragik Rußlands – Strömungen gegen den Christusimpuls
1. Buchausgabe 1999, Rbd. 265 Seiten
2. Überarbeitete Auflage 2000, Rbd. 294 Seiten
3. Dritte Auflage 2003, Rbd. 296 Seiten – ISBN 978-3-923302-09-03

Karmische Zusammenhänge bei Gestalten des Alten Testaments – Mitteilungen aus der Arkandisziplin
1. Buchausgabe 2003, Rbd. 170 Seiten – ISBN 978-3-923302-20-8

Inspirationen zu den Großen Arcana des Taro XIV-XII *(französisch-deutsch)* **und weitere hermetische Beiträge**
1. Buchausgabe 2007, kartoniert, 128 Seiten
ISBN 978-3 932302-26-0

Der Vaterunser-Kurs, I. Teil
1. Buchausgabe 2008, geb. 160 Seiten
2. Buchausgabe 2010, geb. 160 Seiten – ISBN 978-3-923302-27-7

Der Vaterunser-Kurs II. Teil
1. Buchausgabe 2009, geb. 199 Seiten – ISBN 978-3-923302-31-4

Der Vaterunser-Kurs III. Teil
1. Buchausgabe 2009, geb. 222 Seiten – ISBN 978-3-923302-33-8

Der Vaterunser-Kurs IV. Teil
1. Buchausgabe 2010, geb. 240 Seiten – ISBN 978-3 932302-32-1

Willi Seiß

Chakra-Werk – Der Weg der höheren Erkenntnisse auf der Grundlage der Chakra-Kunde – *Okkulte Unterrichtsbriefe (Loseblattwerk in fortlaufenden Ergänzungslieferungen ab 1991)* – ISBN 978-3-923302-06-2

Über Kampf und Widerstand gegen eine geisteswissenschaftlich erforschte Christologie und Christosophie und gegen deren Verfasser Valentin Tomberg
Teil A, Ein Beitrag zur Klärung der Zusammenhänge,
1. Buchausgabe 1996, Rbd. DIN A4, 56 Seiten –
ISBN 978-3-923302-10-9

Der Kampf gegen Valentin Tomberg und seine geisteswissenschaftlich erforschte Christosophie – Dokumentiert an Hand des Briefwechsels zwischen Valentin Tomberg und Marie Steiner
Teil B, Briefwechsel
1. Buchausgabe 1999, Rbd. DIN A4, 121 Seiten
ISBN 978-3-923302-11-6

Untersuchungen zu Rudolf Steiners Schulungswerk sowie den Erkenntnisquellen Valentin Tombergs
3. Auflage 2001, 1. Buchausgabe, geheftet, 24 Seiten
ISBN 978-3-923302-17-8

Okkulte Erkenntnisse über die Anthroposophische „Bewegung"
– *Studienreihe der Freien Hochschule am Bodensee*
1. Buchausgabe 2004, Rbd. 82 Seiten – ISBN 978-3-923302-22-2

Die Passion Christi als Urbild des hermetischen Einweihungsweges
Vortrag, Heft I, Lörrach 20.11.2004
1. Buchausgabe 2004, DIN A5, geheftet, 54 Seiten
ISBN 978-3-923302-29-1

Harald Giersch, Willi Seiß

Der Verlust der Allgemeinen Anthroposophischen Gesellschaft
1. Buchausgabe 2007, kartoniert 110 Seiten
2. Buchausgabe 2007, kartoniert 110 Seiten
ISBN 978-3-923302-25-3

Nikolai Belozwetoff

Die Anthroposophie als Phänomen
– Eine esoterische Betrachtung
1. Buchausgabe 1981, geb., 42 Seiten – ISBN 978-3-923302-00-0

Uwe Mingo

Leitfaden und Praxishandbuch zu Rudolf Steiners Pädagogik
– Seine Anforderungen an den Lehrer
1. Buchausgabe 1998, geb. 270 Seiten – ISBN 978-3-923302-08-6

Carro von Benwick

Tombergs hermetisches Wirken in Anthroposophie und Kirche
– *Studienreihe der Freien Hochschule am Bodensee (FHaB)* –
1. Buchausgabe 2001, Rbd. 96 Seiten
2. Erweiterte Auflage 2002, Rbd. 124 Seiten
ISBN 978-3-923302-14-7

Sebastian Niklaus

Was ist Hermetismus?
1. Buchausgabe 2008, DIN A5, geheftet, 30 Seiten
ISBN 978-3-923302-26-0

Catharina Barker

Der Garten der himmlischen Freuden von Hieronymus Bosch – Im Licht der Lehre von Christian Rosenkreutz
Band I, Das Leben in Religion, Philosophie und Tradition
1. Buchausgabe 2012, Paperback 123 Seiten
ISBN 978-3-923302-35-2